A Celebration of the Life of

Copyright © 2019
Briar Rose Funeral Guest Books

Gone from this earth, but living on in our hearts

Guest Thoughts & Memories

Name	Thoughts & Memories

Name

Thoughts & Memories

Name	Thoughts & Memories

Name	Thoughts & Memories

Name

Thoughts & Memories

Name	Thoughts & Memories

Name	Thoughts & Memories

Name	Thoughts & Memories

Name

Thoughts & Memories

Name

Thoughts & Memories

Name

Thoughts & Memories

Name	Thoughts & Memories

Name	Thoughts & Memories

Name	Thoughts & Memories

Name	Thoughts & Memories

Name

Thoughts & Memories

Name

Thoughts & Memories

Name	Thoughts & Memories

Name

Thoughts & Memories

Name	Thoughts & Memories

Name	Thoughts & Memories

Name	Thoughts & Memories

Name

Thoughts & Memories

Name	Thoughts & Memories

Name	Thoughts & Memories

Name

Thoughts & Memories

Name	Thoughts & Memories

Name	Thoughts & Memories

Name	Thoughts & Memories

Name	Thoughts & Memories

Name

Thoughts & Memories

Name	Thoughts & Memories

Name

Thoughts & Memories

Name	Thoughts & Memories

Name

Thoughts & Memories

Name	Thoughts & Memories

Name	Thoughts & Memories

Name

Thoughts & Memories

Name

Thoughts & Memories

Name	Thoughts & Memories

Name

Thoughts & Memories

Name	Thoughts & Memories

Name	Thoughts & Memories

Name

Thoughts & Memories

Name	Thoughts & Memories

Name

Thoughts & Memories

Name

Thoughts & Memories

www.ingramcontent.com/pod-product-compliance
Lightning Source LLC
Chambersburg PA
CBHW060412010526
44107CB00006B/656